PROGRAMME

CONDITIONS A REMPLIR

POUR ÊTRE NOMMÉ

A TITRE TEMPORAIRE
PENDANT LA DURÉE DE LA GUERRE

AU GRADE DE

SOUS-LIEUTENANT

OU ASSIMILÉ

PARIS

LIBRAIRIE VUIBERT

63, BOULEVARD SAINT-GERMAIN, 63

Prix : **0 fr. 50**

TABLE DES MATIÈRES

DÉCRET DU 12 NOVEMBRE 1914

relatif à la nomination à titre temporaire, pendant la durée de la guerre, au grade de sous-lieutenant ou assimilé.

Art. 1ᵉʳ. — Pendant la durée de la guerre, dans chaque arme ou service, pourront être nommés, à titre temporaire, par le Ministre de la guerre, au grade de sous-lieutenant ou assimilé de l'armée active, de la réserve ou de l'armée territoriale, les hommes de troupe et employés militaires de tous grades qui rempliront les conditions fixées par des instructions ministérielles.

Pourront être également nommés, sous les conditions à déterminer, ainsi qu'il est dit ci-dessus, mais dans la réserve ou l'armée territoriale seulement, les hommes dégagés de toute obligation militaire (1).

Art. 2. — Pendant la durée de la guerre, les officiers d'administration des services de l'armée active, de la réserve et de l'armée territoriale, peuvent être admis, par décision ministérielle, à servir dans les corps de troupe avec le grade dont ils ont l'assimilation.

Art. 3. — Pendant la durée de la guerre, les officiers en retraite et les officiers de réserve des divers corps de la marine, non employés par ce département, peuvent être admis, par décision du Ministre de la guerre concertée avec le Ministre de la marine, à servir dans les corps et services de l'armée.

Art. 4. — Les nominations et promotions, à titre temporaire, prévues aux articles 1 à 3 ci-dessus, sont faites, pour chaque

---

(1) Le décret du 3 décembre 1914 a ajouté à l'article 1ᵉʳ du décret du 12 novembre 1914 un paragraphe nouveau ainsi conçu :

« Cette admission pourra être prononcée sans condition de minimum de service effectif aux armées, à la suite d'une action d'éclat, d'une blessure grave ou d'une citation à l'ordre de l'armée. »

arme ou service, dans les limites numériques correspondant aux besoins constatés par le Ministre de la guerre.

ART. 5. — Les dispositions qui précèdent porteront effet à dater du 2 août 1914. En conséquence, sont confirmées les nominations et promotions, à titre temporaire, autres que celles effectuées en application du décret du 26 août 1914 susvisé (1), faites depuis le 2 août 1914 jusqu'à ce jour.

INSTRUCTION MINISTÉRIELLE

DU 13 DÉCEMBRE 1914

pour l'application du décret du 12 novembre 1914 relatif à la nomination à titre temporaire, pour la durée de la guerre, au grade de sous-lieutenant ou assimilé.

Dispositions générales.

ART. 1er. — Le décret du 12 novembre 1914 n'apporte aucune modification aux dispositions prévues par le décret du 2 octobre 1914 (1) et relatives aux nominations de sous-lieutenants à titre temporaire aux armées, nominations prononcées par le général commandant en chef sous réserve de la ratification du Ministre. Ces nominations continueront donc à pouvoir être effectuées comme par le passé.

ART. 2. — Les nominations à titre temporaire prévues par l'article 1er du décret du 12 novembre 1914 sont prononcées par le

---

(1) Voir p. 25 le *décret du 2 janvier 1915* remplaçant le *décret du 26 août 1914* modifié par le *décret du 2 octobre 1914.*

Ministre ; elles ne sont faites, en principe, que pour la durée de la guerre.

Ne pourront être proposés, quel que soit l'arme ou le service, que les hommes de troupe ou hommes dégagés de toute obligation militaire qui présenteront toutes les qualités à exiger d'un officier sous le rapport de l'honorabilité et de l'esprit de discipline. En conséquence, ne pourront en aucun cas être proposés :

Les hommes ayant antérieurement subi une condamnation à une peine afflictive ou infamante ;

Les hommes ayant antérieurement subi une condamnation à une peine correctionnelle d'emprisonnement, si la nature du délit et la gravité de la peine paraissent de nature à faire écarter rigoureusement la proposition ;

Les anciens officiers ministériels destitués par jugement ou révoqués par mesure disciplinaire ;

Les anciens commerçants faillis ;

Les anciens fonctionnaires ou agents civils révoqués par mesure disciplinaire ;

Les anciens officiers de l'armée active ou de complément destitués par jugement ou réformés par mesure disciplinaire ;

Les anciens sous-officiers, caporaux ou brigadiers de l'armée active ou des réserves rétrogradés ou cassés ;

Les anciens sous-officiers commissionnés, révoqués ou mis à la retraite d'office par mesure disciplinaire.

Tous les candidats au grade de sous-lieutenant ou assimilé à titre temporaire devront posséder une instruction générale suffisante. Cette instruction générale sera constatée soit par la production des diplômes, certificats, titres universitaires, visés dans les articles suivants, soit par une épreuve écrite comprenant uniformément une composition française qui portera sur les connaissances générales, une composition d'histoire et de géographie, une composition d'arithmétique. Les sujets des compositions seront donnés par le Ministre ; deux heures seront accordées aux candidats pour chacune d'elles. Pour certaines armes, l'examen d'instruction générale sera complété par des épreuves spéciales ainsi qu'il est dit dans les articles suivants.

ART. 3. — Les officiers ou assimilés nommés, à titre temporaire, par application du décret du 12 novembre, prendront rang du jour de la décision ministérielle qui les a nommés. Toutefois, les officiers d'administration visés à l'article 2 du décret continueront à jouir de la solde correspondant à leur ancienneté dans leur grade d'officier d'administration.

Ceux qui seraient ultérieurement envoyés aux armées pourront recevoir de l'avancement, toujours à titre temporaire, dans les conditions prévues par le décret du 26 août 1914, modifié par les décrets du 2 octobre et du 16 novembre 1914.

Les nominations d'officiers ou assimilés faites par application de l'article 1er du décret du 12 novembre seront, à l'issue de la guerre, obligatoirement soumises à revision, ainsi qu'il est prévu pour celles effectuées en vertu des décrets des 26 août et 2 octobre 1914, à moins qu'elles n'aient été faites que pour la durée de la guerre, ainsi qu'il est dit au paragraphe 1er de l'article 2 de la présente instruction : en ce cas, elles cesseraient d'avoir effet par le seul fait de la cessation des hostilités.

Infanterie.

Art. 4. — Les éléments auxquels l'infanterie peut faire appel se répartissent en quatre catégories principales : les candidats sortant des pelotons spéciaux ; les sous-officiers pourvus du certificat d'aptitude à l'emploi de chef de section ; les militaires de tous grades présentant des titres exceptionnels, ainsi qu'il est dit à l'article 7 ci-après ; les officiers provenant d'autres armes ou de la marine.

Art. 5. — Dès l'incorporation d'une classe de jeunes soldats, les commandants de région constitueront, dans le plus court délai possible, des pelotons spéciaux destinés à former des sous-lieutenants de réserve.

Deux facteurs déterminent le choix des militaires admis dans ces pelotons : l'aptitude au commandement et l'instruction générale.

L'aptitude au commandement est constatée par le commandant du dépôt et le général commandant le groupe des dépôts, qui adresse ses propositions au général commandant la région. Ce dernier accorde ou refuse l'autorisation de prendre part à l'épreuve d'instruction générale visée au dernier paragraphe de l'article 2 de la présente instruction.

La note de chaque candidat est établie en prenant la moyenne des deux notes d'instruction générale et d'aptitude au commandement, cette dernière étant elle-même la moyenne des notes du commandant du dépôt et du commandant du groupe des dépôts.

Le général commandant la région arrête la liste des candidats à admettre, après correction des compositions par une commission régionale composée d'un officier supérieur et de deux capitaines d'infanterie.

L'accès aux pelotons spéciaux est ouvert :

1° A tous les appelés de la nouvelle classe (ainsi qu'aux ajournés des classes antérieures incorporés avec elle) ;

2° Aux engagés volontaires, ainsi qu'aux exemptés, réformés ou hommes des services auxiliaires reconnus aptes au service armé qui sont arrivés à leur corps postérieurement au dernier concours ;

3° Aux anciens soldats, caporaux ou sergents qui ont contracté un engagement pour la durée de la guerre et ne sont pas en possession du certificat d'aptitude à l'emploi de chef de section.

La durée du cours est de dix semaines.

Les connaissances à donner aux élèves sont celles exigées pour l'obtention du certificat d'aptitude à l'emploi de chef de section.

Le cours portera donc principalement sur l'enseignement militaire et comportera, en outre, les notions indispensables sur les matières suivantes :

Organisation, législation et administration ;
Topographie ;
Tactique ;
Hygiène ;
Correspondance militaire.

A l'issue du cours, les candidats sont examinés par une commission présidée par le général adjoint au commandant de la région et comprenant un officier supérieur d'infanterie et un officier instructeur du cours. Cette commission procédera à une sélection très sérieuse des candidats qui lui seront présentés. Son enquête portera tout spécialement sur les candidats qui lui seront signalés par le directeur du cours comme ne paraissant pas complètement aptes à faire des officiers de réserve. La responsabilité du directeur du cours sera engagée aù cas où il ne signalerait pas les candidats de ce genre.

Ne devront être proposés au Ministre que les candidats qui seront reconnus réellement aptes à faire, dès ce moment, de bons chefs de section.

Art. 6. — A des dates qui seront réglées suivant les besoins, les commandants de région, sur l'invitation du Ministre, adresseront des propositions pour sous-lieutenant de réserve ou de territoriale en faveur de sous-officiers de la réserve ou de la territoriale pourvus du certificat d'aptitude à l'emploi de chef de section.

Chaque fois qu'une demande de propositions de cette nature sera adressée aux commandants de région, le Ministre (Direction de l'Infanterie) fixera les conditions d'ancienneté et les limites d'âge dans lesquelles devront être choisis les sous-officiers proposés et, éventuellement, le nombre des propositions à formuler.

Art. 7. — A toute époque de l'année, les commandants de région pourront établir et transmettre au Ministre des propositions pour le grade de sous-lieutenant de réserve ou de territoriale à titre temporaire en faveur d'hommes de troupe des réserves de tous grades, présentant des titres tout à fait exceptionnels et en mesure de rendre des services importants soit aux armées, soit à l'intérieur.

Chacune de ces propositions exceptionnelles sera accompagnée d'un rapport très détaillé, exposant les titres du candidat, sa valeur intellectuelle et morale, l'emploi qui peut lui être confié.

Le Ministre statuera sur chaque proposition qui lui sera soumise.

Art. 8. — La circulaire n° 790-C/1 du 7 novembre 1914 a déterminé les conditions dans lesquelles les capitaines au long cours (enseigne de vaisseau au titre auxiliaire) pouvaient être admis à titre temporaire comme lieutenants dans l'infanterie.

Avant de rejoindre leur corps sur le front, ces officiers sont astreints à accomplir un stage de quatre semaines dans un centre d'instruction.

La même règle s'appliquera à tous les officiers de marine de réserve mis à la disposition de la guerre pour servir dans les corps d'infanterie. Ils ne seront admis que sur décision du Ministre, après examen de la situation de chacun d'eux.

Les commandants de région transmettront également au Ministre, au fur et à mesure de leur établissement, les demandes faites par des officiers d'administration de l'armée active ou de complément en vue de passer dans l'infanterie pour la durée de la guerre. Ces demandes, revêtues des avis des chefs de services intéressés, seront adressées à la direction dont relève le candidat et transmises, le cas échéant, par les soins de cette direction, à la direction de l'infanterie.

Cavalerie.

ART. 9. — A raison des ressources en cadres de l'arme de la cavalerie, aucune nomination de sous-lieutenant à titre temporaire ne sera faite, en principe, dans l'armée active, par application du décret du 12 novembre.

Si la situation venait à se modifier, et si besoin s'en faisait sentir, les propositions nécessaires seraient demandées aux commandants de région.

ART. 10. — Pour le recrutement des officiers de complément, il sera organisé des pelotons spéciaux destinés à former des sous-lieutenants de réserve.

Seront admis dans ces pelotons spéciaux, sur leur demande écrite, les candidats qui présenteront les conditions voulues d'aptitude au commandement et d'instruction générale.

L'aptitude au commandement est constatée par le commandant du dépôt et l'officier général ou supérieur commandant le groupe des dépôts, qui adresse ses propositions au général commandant la région. Ce dernier accorde ou refuse l'autorisation de prendre part à l'épreuve d'instruction générale visée au dernier paragraphe de l'article 2 de la présente instruction.

La note de chaque candidat est la moyenne des deux notes d'instruction générale et d'aptitude au commandement, cette dernière étant elle-même la moyenne des notes données par le commandant du dépôt et le commandant du groupe des dépôts.

Les compositions, après correction par une commission régionale composée d'un officier supérieur et de deux capitaines de cavalerie, seront adressées au Ministre (Direction de la Cavalerie), qui prononcera l'admission des candidats.

L'accès des pelotons spéciaux est ouvert :

1º Aux jeunes soldats appelés de la dernière classe incorporée dans la cavalerie, ainsi qu'aux ajournés marchant avec cette classe ;

2º Aux engagés volontaires.

ART. 11. — Le nombre de pelotons spéciaux est fixé à quatre, savoir :

1º A Tours (cuirassiers), 2º A Angers (dragons), 3º A Niort (légère), pour les élèves provenant des dépôts stationnés sur le territoire du gouvernement militaire de Paris, des 3e, 4e, 5e, 9e, 10e, 11e, 12e et 18e régions ;

4º A Lyon (toutes subdivisions d'armes), pour les élèves provenant des dépôts stationnés sur le territoire des 7e, 8e, 13e, 14e, 15e, 16e, 17e, 19e, 21e régions et de la Tunisie.

Chaque candidat élève officier de réserve emmènera avec lui un cheval de son dépôt.

Chaque peloton comportera 10 à 12 élèves.

La durée du cours est de dix semaines.

L'instruction sera donnée dans chaque peloton par un lieutenant et deux sous-officiers auxquels pourront être adjoints, à titre temporaire, d'autres gradés pour les cours de topographie, d'hygiène, d'organisation, de législation et d'administration.

Les connaissances à donner aux élèves sont celles exigées pour l'obtention du certificat d'aptitude à l'emploi de chef de peloton.

Le cours portera donc principalement sur l'enseignement militaire et équestre et comportera, en outre, les notions indispensables sur les matières suivantes :

Organisation, législation et administration ;
Topographie ;
Tactique ;
Hygiène ;
Correspondance militaire.

Les examens de fin de cours auront lieu à Tours pour les candidats des pelotons de Tours, Angers et Niort, et à Lyon pour le peloton de Lyon. Ils seront subis devant une commission composée de : un officier supérieur et deux capitaines de cavalerie désignés par les généraux commandant les 9e et 14e régions.

Ne devront être proposés au Ministre que les candidats qui seront reconnus réellement aptes à faire, dès ce moment, de bons chefs de peloton.

Artillerie.

ART. 12. — Les éléments auxquels l'artillerie et le train des équipages peuvent faire appel comprennent :

a) Les sous-officiers admis à l'École de Fontainebleau à la suite du concours de 1914 ;

b) Les élèves officiers de réserve des classes 1912 et 1913 nommés à ce grade à la suite de l'examen de juillet 1914 ;

c) Les candidats des divisions d'instruction organisées en 1914 pour les élèves des grandes écoles (polytechnique, centrale, mines);

d) Les candidats élèves officiers de réserve de la classe 1914 ;

e) Les sous-officiers déjà pourvus du certificat d'aptitude à l'emploi de chef de section ;

f) Les candidats sortant des pelotons spéciaux, qui seront organisés dans les conditions ci-après fixées ;

g) Les anciens élèves de l'École polytechnique réformés ou classés dans le service auxiliaire, qui ont satisfait aux examens de sortie et ont été déclarés ultérieurement aptes au service armé.

ART. 13. — Dès l'incorporation d'une classe de recrutement, les commandants de région feront constituer des pelotons spéciaux destinés à former des sous-lieutenants de réserve.

Deux facteurs déterminent le choix des militaires admis dans ces pelotons, l'aptitude au commandement et l'instruction générale.

L'aptitude au commandement est appréciée par le commandant du dépôt et le général commandant les dépôts d'artillerie, qui adresse ses propositions au général commandant la région. Ce dernier accorde ou refuse l'autorisation de prendre part aux épreuves d'instruction générale.

Ces épreuves comprennent :

1º Les compositions visées au dernier paragraphe de l'article 2 de la présente instruction ;

2º Une composition de mathématiques, d'une durée de deux heures, portant sur l'algèbre et la géométrie élémentaires.

La note de chaque candidat est établie en prenant la moyenne des deux notes d'aptitude au commandement et d'instruction générale. Le général commandant la région arrête la liste des candidats à admettre, après correction des compositions par une commission régionale composée d'un officier supérieur et deux capitaines d'artillerie.

Seront admis sans examen aux pelotons spéciaux :

Les élèves admis ou admissibles, en 1914, à l'École polytechnique (*Journal officiel* des 9 et 11 août 1914), les élèves ou anciens élèves de l'École nationale supérieure des mines ou de l'École centrale des arts et manufactures.

L'accès des pelotons spéciaux est ouvert :

1º Aux appelés de la nouvelle classe (ainsi qu'aux ajournés des classes antérieures incorporés avec cette classe) ;

2º Aux engagés volontaires, ainsi qu'aux exemptés, réformés ou hommes des services auxiliaires reconnus aptes au service armé, qui sont arrivés à leur corps postérieurement au dernier concours ;

3º Aux hommes, dégagés d'obligations militaires, qui ont contracté un engagement pour la durée de la guerre.

La durée du cours est de trois mois. Pour l'artillerie de campagne, lourde ou de montagne, les cours sont organisés, en principe, par région, sous la haute direction du général commandant les dépôts d'artillerie. Le cas échéant, les candidats de plusieurs régions pourront être réunis en un même centre. Pour l'artillerie à pied et le train des équipages, un cours unique est organisé dans un centre désigné et sous la haute direction d'un officier général (1).

---

(1) Au 2º régiment d'artillerie à pied, à Grenoble, pour l'artillerie à pied, sous la haute direction du général commandant l'artillerie de la place ; au 17º escadron, à Montauban, pour le train des équipages, sous la haute direction du général commandant les dépôts d'artillerie de la 17º région.

Le cours portera donc principalement sur l'enseignement militaire et comportera, en outre, les notions indispensables sur les matières suivantes :

Organisation, législation et administration ;
Topographie ;
Tactique ;
Hygiène ;
Correspondance militaire.

A la fin du cours, les candidats sont examinés par une commission comprenant :

Le général chargé de la haute direction du cours : président ;
Un officier supérieur de l'arme (1) : membre ;
L'officier directeur du cours : membre.

Cette commission procédera à une sélection rigoureuse des candidats présentés et ne présentera au Ministre que ceux qui seront réellement aptes à faire de bons chefs de section.

Art. 14. — A des dates déterminées, d'après les besoins des armées et de l'intérieur, le Ministre invitera les commandants de région à adresser des propositions pour sous-lieutenant de réserve ou de territoriale portant sur une ou plusieurs des catégories visées à l'article 12.

Art. 15. — A toute époque, les commandants de région, le général inspecteur permanent des fabrications de l'artillerie et le directeur du grand parc automobile de réserve pourront établir et transmettre au Ministre des propositions pour sous-lieutenant de réserve et de territoriale. à titre temporaire, en faveur des militaires de tout grade ou des hommes dégagés de toute obligation militaire, présentant *des titres tout à fait exceptionnels* et en mesure de rendre des services particulièrement importants aux armées ou à l'intérieur.

Chacune de ces propositions exceptionnelles sera accompagnée d'un rapport très détaillé, exposant les titres du candidat, sa valeur intellectuelle et morale, l'emploi spécial pour lequel il est proposé. Ces propositions viseront surtout des emplois des ser-

---

(1) Autant que possible de l'armée active.

vices techniques (pour l'artillerie : établissements constructeurs, service automobile, etc.).

ART. 16. — Les commandants de région transmettront au fur et à mesure les demandes faites par des officiers d'administration de l'armée active ou de complément, en vue de passer, à titre temporaire, dans l'artillerie ou le train des équipages. Ces demandes, revêtues des avis des chefs hiérarchiques, seront adressées à la direction dont relève le candidat et transmises, le cas échéant, à la direction de l'artillerie. Ces propositions ne porteront que sur les officiers d'administration de 2e et 3e classes.

ART. 17. — En ce qui concerne l'admission des officiers en retraite et des officiers de réserve des divers corps de la marine, un examen individuel de la situation de chacun d'eux sera fait pour chaque demande présentée, ainsi qu'il est procédé actuellement pour les anciens officiers de complément qui demandent à être réintégrés.

Génie.

ART. 18. — L'admission des jeunes soldats au concours ouvert pour les candidats élèves officiers de réserve demeure réglée par la dépêche du 25 octobre 1914, n° 3, 722-3/4.

ART. 19. — Les hommes de troupe de tous grades du génie de la réserve ou de l'armée territoriale qui feront preuve de connaissances générales suffisantes sont autorisés à subir l'examen prévu pour l'obtention du certificat d'aptitude à l'emploi de chef de section.

Les connaissances générales dont il s'agit seront constatées soit par le diplôme de licencié ès-sciences, soit par le diplôme supérieur délivré aux élèves externes de l'École des ponts et chaussées, l'École nationale supérieure des mines, l'École du génie maritime, l'École centrale, l'École supérieure d'électricité, soit enfin par un examen comprenant les compositions visées au dernier paragraphe de l'article 2 de la présente instruction et une composition scientifique, dont le résultat sera traduit par une note d'instruction générale.

Parmi les hommes de troupes ainsi sélectionnés, ne seront d'ailleurs admis à l'examen militaire pour l'obtention du certificat d'aptitude à l'emploi de chef de section que ceux proposés régulièrement par le chef de corps comme s'étant fait remarquer par leur discipline et leurs qualités militaires.

Le dossier de ces candidats sera ensuite immédiatement constitué par les chefs de corps.

Les propositions faites en leur faveur seront transmises au Ministre (Direction du Génie) et accompagnées :

1° De l'état signalétique et des services ;

2° De l'énumération des titres constatant leurs connaissances générales ou de la mention du résultat de l'examen visé plus haut ;

3° Du certificat d'aptitude à l'emploi de chef de section ;

4° D'une feuille de notes de leurs chefs hiérarchiques.

Ces candidats pourront être nommés par le Ministre sous-lieutenants de réserve ou de territoriale, à titre temporaire, dans la limite des besoins constatés.

En outre, pourront être nommés directement sous-lieutenants de réserve ou de territoriale, à titre temporaire, les anciens élèves de l'École polytechnique, réformés ou classés dans le service auxiliaire, qui ont satisfait aux concours de sortie et ont été déclarés ultérieurement aptes au service armé.

Art. 20. — Les hommes dégagés de toute obligation militaire pourront être nommés sous-lieutenants du génie, à titre temporaire, dans la réserve ou la territoriale, dans les conditions suivantes :

Tout homme ayant satisfait à la loi de recrutement et pouvant faire preuve d'aptitudes spéciales, utilisables dans la campagne actuelle, ou de connaissances générales approfondies, pourra contracter, devant un commandant de bureau de recrutement, un engagement conditionnel spécial pour la durée de la guerre, en vue d'accéder au grade de sous-lieutenant du génie.

A cet effet, les commandants de région sont autorisés à délivrer, sur la demande qui leur en aura été adressée, une autorisation de contracter ledit engagement aux anciens élèves des grandes écoles (École centrale, École nationale des ponts et chaussées, École nationale supérieure des mines, École du génie maritime), aux licenciés ès-sciences et à tous ceux que leur situation industrielle ou commerciale, ou leurs fonctions civiles, mettent à même de rendre des services immédiatement utilisables dans la campagne actuelle.

Ces engagés conditionnels seront affectés à un dépôt désigné de l'arme du génie (dépôt du 6e régiment ou dépôts des 5e et 8e régiments pour les spécialités chemins de fer et télégraphie).

Ils y accompliront un stage d'une durée maximum de deux mois comme hommes de troupe.

Ils seront spécialement instruits pendant ce stage, en dehors de tout peloton d'instruction, par les soins du commandant de dépôt, qui constituera le plus tôt possible, en leur faveur, un dossier de proposition à transmettre au Ministre (Direction du Génie), qui statuera sur leur nomination. Ce dossier fera ressortir l'emploi qui pourra être donné à l'intéressé. Il devra parvenir au Ministre dans le délai maximum de deux mois visé ci-dessus.

Les engagés qui seront nommés sous-lieutenants seront employés avec ce grade pendant la durée de la guerre.

Ceux qui ne pourront être nommés seront déliés immédiatement de tout engagement par la décision prise par le Ministre sur les propositions faites en leur faveur.

Le nombre des nominations faites par application du présent article sera limité strictement à celui des emplois qu'il est possible d'attribuer aux intéressés.

ART. 21. — Les officiers d'administration de l'armée active, de la réserve ou de l'armée territoriale, pourront être admis, sur leur demande, dans l'arme du génie, avec le grade dont ils ont l'assimilation, s'ils ont servi dans le génie en qualité de sous-officier et sur la présentation exclusive de leurs chefs de service actuels.

Les dossiers seront transmis au Ministre et feront ressortir :

a) Les capacités militaires de l'intéressé au point de vue du service dans la troupe ;

b) Les emplois qui peuvent lui être donnés, compte tenu de sa spécialité ;

c) L'avis de ses chefs de service au point de vue de la suppression de son emploi ou de son remplacement éventuel dans cet emploi.

Les officiers d'administration de 2e et 3e classe qui n'ont pas perdu depuis trop longtemps le contact de la troupe pourront être admis immédiatement dans les cadres. Les officiers d'administration de 1re classe et les officiers d'administration principaux, dont les demandes, d'ailleurs, ne seront acceptées qu'à titre exceptionnel, seront tenus d'accomplir dans un dépôt un stage préliminaire de un mois.

A la fin du stage susvisé, ils seront notés par le commandant du dépôt, le général commandant le groupe des dépôts et, s'il y a lieu, par le général inspecteur des dépôts du génie.

Les officiers d'administration de 1re classe qui seront acceptés seront plus spécialement employés comme trésoriers et capitaines chargés du matériel.

Service de l'intendance.

Art. 22. — Pourront être nommés, à titre temporaire, au grade d'attaché de 2e classe ou d'officier d'administration de 3e classe du cadre auxiliaire de l'intendance, les hommes de troupe de tous grades de la réserve ou de la territoriale et les hommes dégagés de toute obligation militaire, qui auront été reconnus aptes à ce grade, après un stage de 15 jours accomplis, sur l'autorisation du Ministre, dans une sous-intendance ou un établissement de l'intendance dirigé par un fonctionnaire du cadre actif.

Pourront être également nommés, sous les mêmes conditions, officiers d'administration de 3e classe du cadre actif, les hommes de troupe de tous grades de l'armée active, comptant au moins un an de service le jour où ils demandent l'admission au stage.

Art. 23. — Par exception aux dispositions de l'article précédent :

1º Les hommes de troupe en service aux armées, qui n'appartiennent pas aux sections de commis et ouvriers d'administration, ne pourront pas, en principe, être admis dans le cadre auxiliaire de l'intendance.

2º Les hommes de troupe qui, avant réception de la présente instruction, auront rendu, depuis le début des hostilités, dans un service ou établissement de l'intendance dirigé par un sous-intendant du cadre actif, des services exceptionnels, de nature à établir leur aptitude au grade d'attaché de 2e classe ou d'officier d'administration de 3e classe, pourront être dispensés de la formalité du stage, par le Ministre, sur décision individuelle. Les demandes de dispense de stage seront établies et transmises dans la même forme que les demandes d'admission au stage et accompagnées de notes données dans les mêmes conditions que les notes de fin de stage visées ci-dessous.

Art. 24. — Les candidats au stage qui ne seraient pas gradés ou anciens gradés des sections de commis et ouvriers d'administration dans l'armée active doivent exercer ou avoir exercé une profession pouvant être utilisée soit dans le service des bureaux, soit dans le service des subsistances, soit dans le service de l'habillement et du campement.

Art. 25. — Les demandes d'admission au stage doivent faire ressortir exactement la situation militaire de l'intéressé, les professions qu'il a exercées et le service auquel il désire être affecté.

Elles sont accompagnées des pièces suivantes :

État signalétique et des services,
Relevé des punitions,
Éventuellement copie du carnet de notes ; } pour les militaires ou anciens militaires seulement ;

Extrait de naissance ;
Extrait du casier judiciaire n° 2 ;
Certificat de visite médicale ;
Procès-verbal d'enquête du commandant de la gendarmerie de la résidence ;
Indication des diplômes, brevets, certificats, langues étrangères ;
Certificat de l'autorité civile attestant que le candidat exerce ou a exercé l'une des professions exigées (pour les candidats visés à l'article précédent).

Ces demandes sont adressées, par les hommes présents sous les drapeaux, au chef de corps ou de service, par les autres, au général commandant la subdivision. Elles sont annotées par ces officiers et par le directeur de l'intendance de la région et transmises au général commandant la région, qui les adresse au Ministre, sous le timbre de la 5e Direction. Seules les demandes émanant de militaires des sections de commis et ouvriers d'administration employés dans les stations-magasins sont transmises directement au Ministre par le sous-intendant chef de service.

Art. 26. — Les candidats admis au stage reçoivent du Ministre un ordre de convocation. Ils restent pendant la durée du stage dans leur situation antérieure, sous le rapport de la solde et des diverses allocations et prestations.

Ils sont uniquement soumis à des exercices d'ordre pratique.

Ils reçoivent en fin de stage, de leur chef de service, des notes détaillées qui engagent la responsabilité du sous-intendant qui les a données. Ces notes sont transmises, s'il y a lieu, au directeur de l'intendance, qui les fait suivre de sa propre appréciation et d'une déclaration formelle attestant l'aptitude ou l'inaptitude du candidat à l'emploi sollicité et les adresse au Ministre.

Service de santé.

Art. 27. — Les docteurs en médecine diplômés d'une faculté de médecine française, appartenant à l'armée active, à la réserve et à l'armée territoriale, en service aux armées ou à l'intérieur, pourront être proposés, sur leur demande, pour le grade de médecin aide-major de 2e classe, respectivement dans l'armée active, la réserve ou l'armée territoriale, à titre temporaire, pour la durée de la guerre, quelle que soit la durée du service déjà accompli dans l'armée active. Les nominations n'auront lieu, toutefois, que dans la mesure des vacances.

Ces dispositions sont applicables aux engagés volontaires pour la durée de la guerre, ainsi qu'aux exemptés, réformés n° 1 ou n° 2 par les conseils de revision, classés dans les services auxiliaires sous le régime de la loi du 15 juillet 1889 et dans le service auxiliaire sous le régime des lois du 21 mars 1905 et 7 août 1913, qui auront été ultérieurement reconnus aptes au service armé, et aux hommes libérés de toute obligation militaire, aptes au service armé.

Les Alsaciens-Lorrains, ayant acquis la nationalité française à la suite d'un engagement volontaire, qui seront docteurs en médecine d'une faculté allemande, seront traités comme les médecins français, diplômés d'une faculté française.

Pourront également être proposés, sur leur demande et sous les mêmes conditions, pour le grade de médecin aide-major de 2e classe dans l'armée active, la réserve ou l'armée territoriale, à titre temporaire pour la durée de la guerre :

1° Les étudiants en médecine, nommés au concours à l'emploi

d'interne titulaire des hôpitaux dans les villes de faculté, justifiant qu'ils ont effectivement rempli cet emploi pendant une année au minimum et qu'ils sont pourvus de seize inscriptions valables pour le doctorat ;

2° Les élèves de l'École du service de santé militaire ou de l'École du service de santé de la marine pourvus de seize inscriptions de doctorat ;

3° A titre très exceptionnel, les militaires pourvus d'un diplôme de docteur en médecine délivré par une faculté étrangère.

ART. 28. — Le cadre des pharmaciens de réserve et de l'armée territoriale étant actuellement supérieur aux besoins, il ne sera pas fait de nominations dans ce personnel, jusqu'à nouvel ordre. Si de nouvelles nominations devaient avoir lieu, les pharmaciens de 1re classe (ancien régime) et pharmaciens diplômés (régime du 29 juillet 1909) pourraient être proposés, dans les mêmes conditions que les médecins, pour le grade de pharmacien aide-major de 2e classe.

ART. 29. — Peuvent être proposés pour le grade d'officier d'administration de 3e classe de réserve et de l'armée territoriale :

1° Les sous-officiers de la réserve et de l'armée territoriale de toutes armes ou services, qui ne sont pas aux armées, dont l'aptitude professionnelle aura été reconnue par les directeurs du service de santé des régions et sous réserve de l'adhésion ultérieure des directeurs de l'administration centrale intéressée ;

2° Les sous-officiers de la réserve et de l'armée territoriale des sections d'infirmiers, même s'ils sont en service aux armées ; .

3° Les caporaux et soldats du service armé des sections d'infirmiers militaires, appartenant à l'armée active, ayant au moins six mois de service, et ceux appartenant à la réserve et à l'armée territoriale, qui auront subi avec succès :

a) L'examen du peloton spécial d'instruction prévu par la notice n° 12, sur l'organisation des sections d'infirmiers ;

b) L'examen d'instruction générale visé au dernier paragraphe de l'article 2 de la présente instruction.

Les candidats ayant satisfait à l'examen d'instruction générale seront groupés dans les trois centres d'instruction de Paris, Lyon et Toulouse, où, pendant quatre mois, ils recevront une instruction administrative.

Le rattachement des régions aux centres d'instruction sera
effectué d'après les bases suivantes :

Paris : candidats des armées, des 3e, 4e, 5e, 6e et 10e régions
et de la région du Nord;

Lyon : candidats des 7e, 8e, 9e, 13e, 14e et 15e régions ;

Toulouse : candidats des 11e, 12e, 16e, 17e et 18e régions ;
Afrique du Nord et Maroc.

La date de l'examen d'instruction générale, celle avant laquelle
devront parvenir les demandes d'inscriptions, celle de l'ouverture
du cours d'instruction administrative seront ultérieurement fixées
par le Ministre.

Art. 3o. — Dans les circonstances actuelles il y aura lieu d'user
le plus largement possible de la faculté, donnée par l'article 31 de
l'instruction du 21 mai 1913 sur l'utilisation des ressources du
territoire, d'avoir recours pour les hôpitaux complémentaires aux
personnels idoines dégagés de toute obligation militaire ou appartenant au service auxiliaire ou à la réserve de l'armée territoriale.

Ces personnels devront être affectés, comme civils requis ou
hommes de troupe, aux emplois de médecins et officiers d'administration dans ces hôpitaux (ceux de médecin-chef et de gestion-
naire exceptés), et les propositions prévues ci-dessus ne devront
être faites par les directeurs du service de santé qu'en faveur de
candidats susceptibles d'être envoyés aux armées d'opérations.

Service de la justice militaire.

Art. 31. — Pourront être nommés, à titre temporaire, au grade
de sous-lieutenant de l'armée territoriale, pour être affectés au
service de la justice militaire, les hommes de troupe et employés
militaires de tous grades appartenant à cette armée, ainsi que les
hommes libérés de toute obligation militaire, sous la réserve que
les uns et les autres posséderont le diplôme de licencié en droit et
qu'ils seront exclusivement employés dans les conseils de guerre
aux armées.

Aux mêmes conditions, les officiers d'administration de l'armée
territoriale de tous les services, désirant exercer les fonctions de
commissaire-rapporteur, pourront être admis dans les corps de
troupe avec le grade dont ils ont l'assimilation.

Art. 32. — Les anciens sous-officiers comptables des établissements pénitentiaires militaires pourront être nommés, à titre temporaire, au grade d'officier d'administration de 3e classe de l'armée territoriale dans le même service, pour être affectés à des dépôts de prisonniers de guerre ou à des pénitenciers militaires.

Troupes coloniales.

Art. 33. — Les sous-officiers d'infanterie coloniale appartenant à l'armée active et réunissant deux ans de grade de sous-officier peuvent être proposés pour être nommés sous-lieutenants dans l'armée active à titre temporaire. Ces propositions sont faites dans la forme et sous les conditions, à l'exception de celles relatives à l'ancienneté minima de service, indiquées à l'article 14 de l'instruction du 2 mai 1914, sur l'établissement des tableaux d'avancement et de concours. Elles sont établies à toute époque, au fur et à mesure que l'aptitude des candidats se révèle. Les candidats doivent être munis du certificat d'aptitude à l'emploi de chef de section.

Les militaires des troupes coloniales qui, ayant suivi les cours spéciaux d'instruction, auront obtenu le certificat d'aptitude aux fonctions de chef de section, mais ne réuniront pas deux ans de grade de sous-officier, ne pourront être nommés sous-lieutenant à titre temporaire que sur le front, par le général commandant en chef.

Art. 34. — Les anciens sous-officiers d'infanterie coloniale qui ont accompli 15 années de service actif, qui ont obtenu ou obtiendront le certificat d'aptitude à l'emploi de chef de section, peuvent être nommés sous-lieutenants de réserve à titre temporaire.

Aux colonies, pourront être également nommés sous-lieutenant de réserve à titre temporaire, les fonctionnaires coloniaux qui obtiendront le certificat d'aptitude susvisé. Ces propositions sont établies dans les formes prescrites pour les sous-officiers de l'active.

Art. 35. — Les dispositions des deux articles précédents sont applicables aux stagiaires officiers d'administration et hommes de troupe de l'artillerie coloniale.

Art. 36. — Les officiers d'administration à admettre à servir dans les corps de troupe avec le grade dont ils ont l'assimilation devront appartenir à l'armée active et être sortis de l'Ecole de Vincennes depuis moins de quatre ans.

Services d'état-major et du recrutement.

Art. 37. — Pourront seuls être proposés pour officier d'administration de 3e classe de l'armée active les candidats réunissant les conditions prévues par le décret du 27 février 1914, c'est-à-dire les adjudants-chefs ou adjudants des sections de secrétaires d'état-major et du recrutement appartenant à l'armée active et ayant au moins dix ans de services militaires effectifs.

Art. 38. — Les propositions pour officier d'administration de 3e classe de la réserve ou de l'armée territoriale devront être réservées aux adjudants-chefs ou adjudants de la réserve ou de l'armée territoriale appartenant aux sections de secrétaires d'état-major et du recrutement, ainsi qu'à ceux des corps de troupe ou à ceux dégagés de toute obligation militaire ayant accompli leur service actif dans lesdites sections. Ces candidats devront avoir au moins dix ans de services militaires effectifs.

Ces propositions seront adressées au Ministre (Etat-Major de l'Armée ; Section du Personnel). Elles devront comprendre :

1º La demande de l'intéressé revêtue de l'avis de ses chefs hiérarchiques ou des autorités territoriales pour les hommes dégagés de toute obligation militaire ;

2º L'état signalétique et des services ;

3º Des certificats de visite et de contre-visite ;

4º Un rapport de la gendarmerie pour les hommes dégagés de toute obligation militaire.

Il doit être entendu que ces propositions seront considérées comme exceptionnelles et établies seulement en faveur de candidats donnant toutes garanties au point de vue de l'honorabilité, de la moralité, de la conduite, et en mesure de rendre immédiatement des services dans un état-major ou un bureau de recrutement.

Interprètes militaires.

Art. 39. — Aux termes des décrets des 12 novembre et

3 décembre 1914, peuvent être nommés à titre temporaire, au grade d'officier interprète de 3e classe ou d'interprète stagiaire de complément, les hommes de troupe *de la réserve et de l'armée territoriale* et les *hommes dégagés de toute obligation militaire.*

Il y aura lieu de se conformer pour l'exécution de ces dispositions aux prescriptions suivantes :

En raison des circonstances actuelles, un concours ne pouvant être organisé dans les conditions prévues par l'instruction du 21 mai 1910, il ne sera exigé, au point de vue technique, qu'un certificat délivré par l'autorité militaire constatant que chaque candidat connaît, non seulement *à fond*, la langue pour laquelle il demande à être interprète, mais aussi la terminologie militaire.

Les propositions seront adressées au Ministre, sous le timbre de l'état-major de l'armée (Section du Personnel). Elles devront comprendre, outre le certificat dont il est question ci-dessus :

1° La demande de l'intéressé revêtue de l'avis de ses chefs hiérarchiques, ou des autorités territoriales pour les hommes dégagés de toute obligation militaire ;

2° L'état signalétique et des services ;

3° Des certificats de visite et contre-visite ;

4° La liste certifiée des diplômes universitaires dont le candidat est possesseur;

5° Un rapport de la gendarmerie pour les hommes dégagés de toute obligation militaire ;

6° Un certificat constatant l'aptitude équestre.

Il est bien entendu que ces propositions doivent être considérées comme *exceptionnelles* et établies seulement en faveur de candidats donnant toutes garanties à tous points de vue. Seuls pourront être proposés les hommes appartenant au service armé ou reconnus aptes à ce service par des médecins militaires.

DÉCRET DU 2 JANVIER 1915

REMPLAÇANT LE DÉCRET DU 26 AOUT 1914 MODIFIÉ
PAR LES DÉCRETS DES 2 OCTOBRE ET 16 NOVEMBRE 1914

relatif à l'avancement dans l'armée pendant la durée de la guerre.

ART. 1er. — Pendant la durée de la campagne, les officiers de tous grades peuvent être nommés au grade supérieur à titre temporaire, quelle que soit leur ancienneté de grade ; les sous-officiers peuvent être nommés officiers dans les mêmes conditions.

ART. 2. — Toutes les nominations à titre temporaire sont faites par décisions du général en chef soumises à la ratification du ministre de la guerre. Elles n'ont d'effet qu'autant que cette ratification intervient. Le général commandant en chef peut seulement, en attendant cette ratification, faire les désignations nécessaires pour pourvoir par intérim aux emplois vacants.

ART. 3. — Les officiers ainsi nommés par décision du commandant en chef, ratifiée par le ministre de la guerre, ont droit, tant qu'ils restent investis du grade auquel ils ont été nommés à titre temporaire, aux rang, prérogatives et avantages pécuniaires résultant du grade ou de l'emploi qui leur est conféré ; le bénéfice leur en est acquis à partir de la date de la décision du général commandant en chef qui les a nommés provisoirement, et leur ancienneté dans le grade est réglée par la date de cette décision ; ils ont, dans ce grade, les mêmes droits à l'avancement que les officiers promus dans les conditions normales.

ART. 4. — Ils peuvent recevoir dans leur nouveau grade ou emploi une lettre de service leur conférant, quelle que soit leur ancienneté, autorité sur les officiers du même grade. A défaut d'une semblable lettre de service, et sous réserve de l'application des articles 43 et 57 de la loi du 13 mars 1875 pour les officiers de l'armée active, les officiers nommés ou promus à titre temporaire passent toujours, au point de vue du commandement, après les officiers du même grade nommés ou promus à titre définitif.

ART. 5. — Pendant la durée de la campagne, le ministre de la guerre peut, par des décisions individuelles spéciales, faire cesser l'effet des nominations à titre temporaire, lorsque cette mesure lui paraîtra nécessaire dans l'intérêt du service. Ces décisions sont prises après avis des autorités ci-après désignées :

Pour les officiers généraux, le général commandant en chef dans la zone des armées, et, en dehors de cette zone, un officier général désigné par le ministre de la guerre et appartenant ou ayant appartenu au conseil supérieur de la guerre.

Pour les officiers autres que les officiers généraux, s'ils sont aux armées, le général commandant en chef ou, par délégation, soit le général commandant le corps d'armée, soit, s'il s'agit de troupes ne faisant pas partie d'un corps d'armée, le général de qui elles relèvent ; dans les autres cas, le général commandant la région.

Autant que possible, ces avis sont communiqués aux intéressés et ceux-ci appelés à présenter les observations qu'ils croiraient avoir à formuler.

ART. 6. — A l'expiration de la campagne, les officiers nommés ou promus à titre temporaire seront obligatoirement soumis à une revision des grades dans des conditions à déterminer.

Art. 7. — Les dispositions qui précèdent ne visant que des cas exceptionnels n'empêchent pas le jeu normal de l'avancement, tel qu'il est prévu pour le temps de guerre par l'ordonnance du 16 mars 1838.

CHARTRES. — IMPRIMERIE DURAND, RUE FULBERT.